D0986846

JIŘÍ MACHT

Praha
Prague
Prag

Katedrála sv. Víta
St Vitus Cathedral
St. Veits-Kathedrale
◄

Zlatá brána, katedrála sv. Víta
Golden Gate of the Cathedral
Türme der St. Veits Kathedrale

Bazilika sv. Jiří
St. George's Basilica and Convent
St. Georgs-Basilika und kloster

Věže katedrály sv. Víta
The spires of St. Vitus´s Cathedral
Türme der St. Veits Kathedrale

Jiřská ulička
Jiřská alley
Georgengasse

Pražský hrad od Strahova
Prague Castle as Seen from Strahov
Die Prager Burg vom Strahov aus gesehen

Pražské arcibiskupství,
věže katedrály sv. Víta
Prague Archbishop's Palace
and St Vitus's Cathedral
Towers
Prager Erzbischofspalast
und die Türme des
St. Veits-Doms
◄

Okna uzávěru svatovítského
presbyteria
Windovs of the Closure
of St Vitus' Presbytery
Fenster des Veitsdomer
Presbyteriums

Pražský hrad s Vltavou
Prague Castle with the Vltava River
Die Prager Burg mit der Moldau
◄

Katedrála sv. Víta v noci
St Vitus's Cathedral at Night
St. Veitsdom in der Nacht

Staré zámecké schody
The Old Castle Steps
Alte Schloßsteige

Pražský hrad od Strahova
Prague Castle as Seen from Strahov
Die Prager Burg vom Strahov aus gesehen

Podzimní ráno
Autumn morning
Herbstlicher Morgen

Míčovna
Great Ball-Game Hall
Großes Ballhaus

Jižní průčelí baziliky sv. Jiří
The southern facade of the St. George´s Basilica
Südfront der St. - Georgs - Basilika

Závěr katedrály na Jiřském náměstí
The east and of the Cathedral in the Square Jiřské náměstí
Chor der Kathedrale am Georgsplatz

◄ ▲

Královský letohrádek - Belveder (Zpívající fontána)
Royal Summer Residence - Belveder (Singing Fountain)
Königliches Lustschloß - Belveder (Singende Fontäne)

Pražské věže
Prague towers
Prager Türme

►

Pražská dělostřelecká bašta
Pražského hradu
Prague Castle Bastion
Artilleriebastei der Prager

Zlatá ulička
The Golden Lane
Goldenes Gäßchen

Hradčanská Loreta
The Loretto
Das Hradschiner Loretto

Šítkovská věž ze střechy Národního divadla
Šítkov Tower from National Theatre Building
Šítkov-Turm vom Gebäude des Nationaltheaters aus

Pražská dlažba
Prague cobbles
Prager Pflaster

Rudolfinum

◄

Malá Strana
The Little Quarter
Die Kleinseite

Kostel sv. Mikoláše(Staré Město)
St. Nicholas Church in the Old Town
St. Nikolaus-Kirche in der Altstadt

36 - 37 ►

Pražské kašny
Prague Fountains
Prager Brunnen

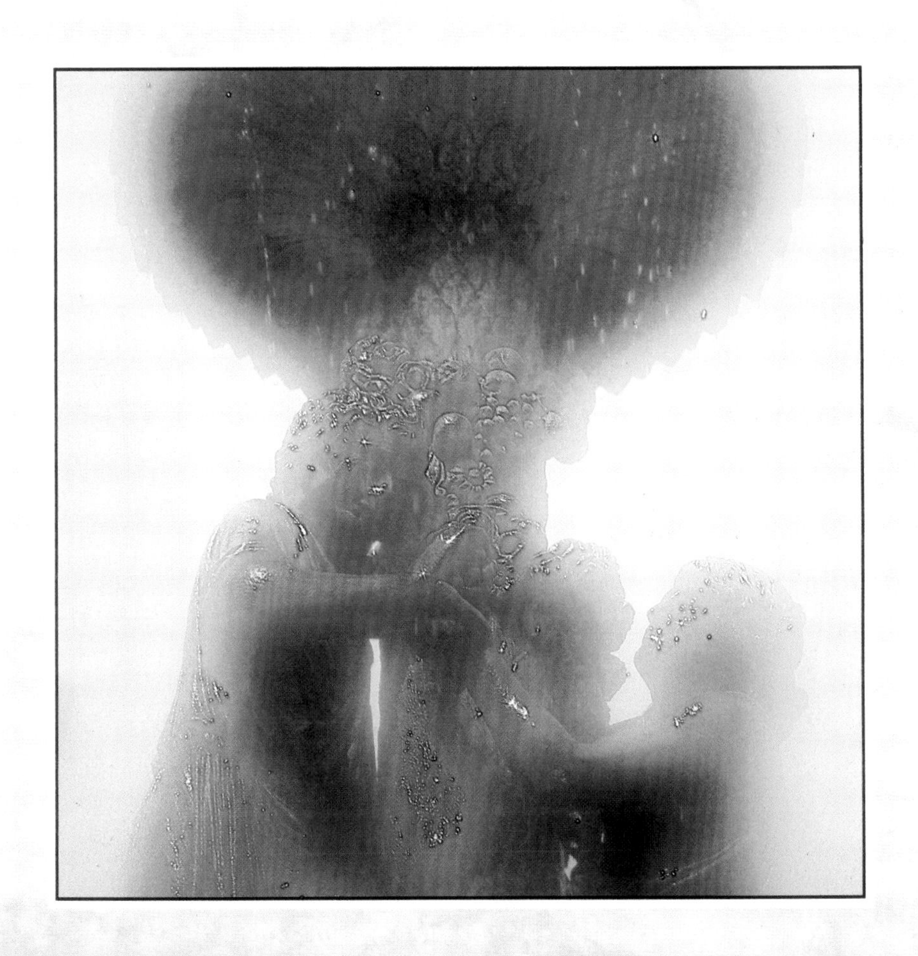

Starý židovský hřbitov
The Old Jewish Cemetery
Der Alte jüdische Friedhof
►

Interiér Staronové synagogy
Interior of the Old - New Synagogue
Interieur der Altneusyagoge

◄
Interiér Jubilejní synagogy
Interieur der Jubiläumssynagoge
Interrior of the Jubilee Synagogue

Starý židovský hřbitov
The Old Jewish Cemetery
Der Alte jüdische Friedhof

Starý židovský hřbitov
The Old Jewish Cemetery
Der Alte jüdische Friedhof

Vltavské nábřeží a pražské mosty
The Vltava Embankment and Prague Bridges
Der Moldau-Kai und die Prager Brücken

◄
Smetanovo nábřeží
Smetana Embankment
Smetana-Kai

Střelecký ostrov
Střelecký Island
Schützeninsel

Staroměstská radnice
Old Town Hall
Altstädter Rathaus

►

Kostel P. Marie před Týnem
St Mary's Church in Front of Týn Cathedral
Kirche St. Maria vor dem Tein

Orloj na Staroměstské radnici
The Horologue at the Old Town Hall
Die Astronomische Uhr der Altstädter Rathaus

Domy z věže Staroměstské radnice
The houses seen from the tower of the Old Town Hall
Blick von Altstadter Rathaus

Staroměstská radnice
Old Town Hall
Altstädter Rathaus

Kostel sv. Mikoláše
(Staré Město)
St. Nicholas Church in
the Old Town
St. Nikolaus-Kirche
in der Altstadt
54

55 - 56
Týnský chrám
Týn Church
Die Teynkirche

Pomník Mistra Jana Husa na Staroměstském náměstí
The Jan Hus monument on the Old Town Square
Denkmal des Meister Jan Hus auf dem Altstädter Ring

Staroměstské náměstí
Old Town Square
Der Altstädterring

Staroměstský orloj
The Old Town horologe
Altstädter astronomische Uhr

Karlův most
Charles Bridge
Karlsbrücke

Staroměstská mostecká věž
Old Town Bridge Tower
Altstädter Brückenturm

Karlův most
Charles Bridge
Karlsbrücke

Pražský motiv
Prague Motif
Prager Motif

Karlův most
Charles Bridge
Karlsbrücke

Kříž na Karlově mostě
Cross on Charles Bridge
Kreuz auf der Karlsbrücke
►

Sv. Jan z Nepomuku (Karlův Most)
Statue of St. John of Nepomuk (Charles Bridge)
Statuedes St. Johannes von Nepomuk

קדוש
I·N·R·I

Sousoší Kalvárie (Karlův Most)
Group of statues-The Calvary (Charles Bridge)
Kalvarien-Statuengruppe

70 - 71 ►
Karlův most
Charles Bridge
Karlsbrücke

Malostranské mostecké věže
Bridge Towers of the Little Quarter
Kleinseitner Brückentürme

Kostel sv. Salvátora
St. Salvator Church
St. Salvator-Kirche

74 - 75 ►
Karlův most
Charles Bridge
Karlsbrücke

Dům U minuty
Minute House
Haus zur Minute

►

Dům U Rotta
Rott´s House
Haus zum Rott

Novotného lávka
Novotný's Footbridge
Novotný-Steg

Kostel sv. Mikoláše
St. Nikolas's Church
St. Nikolaus-Kirche

ZDAR TOBE PRAHO VZDORUJ CASU I ZLOBE
JAK ODOLAVALAS VEKY BOURIM VSEM

Obecní dům
Communal House
Gemeindehaus

Kostel sv. Jiljí
St Jiljí's Church
St. Jiljí-Kirche

Chrlič, Malostranské náměstí
Fountain, Lesser Town Square
Marktbrunnen, Kleinseitner Ring

►

Václavské náměstí
Wenceslas Square
Der Wenzelsplatz

Novotného lávka
Novotný's Footbridge
Novotný Steg

Pražský motiv
Prague Motif
Prager Motif

Smetanovo nábřeží
Smetana Embankment
Smetana-Kai

Kostel sv. Mikoláše
St Nicolas's Church
St. Nikolaus-Kirche

Kostel sv. Mikoláše
St Nicolas's Church
St. Nikolaus-Kirche

Pohled na Staré Město
View of Old Town
Blick auf die Altstadt

Staré Město ze střechy Národního divadla
Old Town from the Rooftop of National Theatre
Altstadt vom Dach des Nationaltheaters aus

Clam - Gallasův palác na Starém Městě
The Clam - Gallas Palace in the old Town
Clam - Gallas Palais in der Altstadt ►

Kašna Vltava
Vltava Fountain
Brunnen Moldau

Národní muzeum
National Museum
Nationalmuseum

MUSEUM · REGNI · BOHEMIAE

◄ *100 - 101*
Katedrála sv. Víta
St Vitus Cathedral
St. Veits-Kathedrale

Domovní znamení
A house sign
Hauszeichen

Kampa

Večerní nálada na Vltavě
Evening on the River Vltava
Abendstimmung

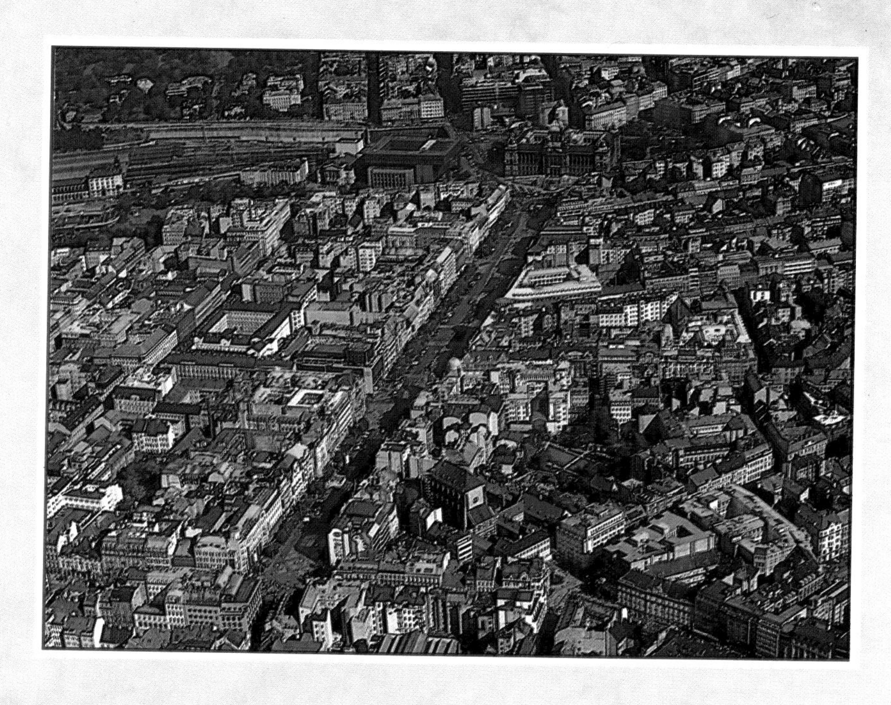

Václavské náměstí, letecký pohled
Wenceslas Square, ariel view
Wenzelsplatz, Flugaufnahme

Katastrální území Městské části Praha 1 tvoří Staré Město, Nové Město, Malá strana a Hradčany.

Již v druhé polovině 9. století bylo na dnešních Hradčanech založeno hradiště s opevněním a koncem téhož století zde byl postaven sídelní hrad Přemyslovců zvaný Praha. Kolem roku 1230 se již mluví o „pražském městě". Vzniká Staré Město. V roce 1257 za panování Přemysla Otakara II. vzniká pod Hradem Menší Město Pražské. Roku 1348 zakládá Karel IV. Nové Město Pražské. Josef II. v roce 1784 spojuje čtyři pražská města, když předtím v roce 1756 byly Hradčany povýšeny na čtvrté město pražské. Koncem 18. století měla Praha, až dotud se vyvíjející uvnitř hradeb, asi 73 000 obyvatel.

Historické jádro Prahy bylo v roce 1971 prohlášeno za městskou památkovou rezervaci. Dalšího ocenění jedinečné architektury se Pražské památkové rezervaci dostalo v roce 1992, kdy ji organizace UNESCO vyhlásila za světovou památku 1. kategorie.

Městská část Praha 1 se v současných hranicích rozkládá na 5,49 km^2 a k 31. 12. 1995 v ní žilo 38 694 obyvatel, tj. 7 224 lidí na 1 km^2. K dispozici měli 17 701 bytů v 2 145 trvale obydlených domech.

The cadastral area of the City District of Prague 1 comprises the Old Town, the New Town, the Lesser Town and Hradčany.

Already in the first half of the 9th century a fortified citadel was founded on the today´s place of Hradčany and towards the end of the same century the Přemyslovci lineage had their capital castle called Praha built there. Around the year of 1230 it was already spoken of the „Prague Town". The Old Town was established. In 1257 under the reign of Přemysl Otakar II the Lesser Town of Prague was founded under the Castle. In 1328 Karel IV founded the New Town of Prague. Josef II united the four towns of Prague in 1784, having promoted Hradčany to the fourth town of Prague in 1756. Towards the end of the 18th century the city of Prague, till then only developing within its walls, had 73 000 inhabitants.

The historical core of Prague was declared the city sight reservation in 1971. The unique architecture of the Prague sight reservation was also appreciated in 1992 when it was declared the world first category sight by UNESCO.

The City District of Prague 1 in its current limits stretches over 5.79 km² and as of December 31, 1995 its population amounted to 38 694 inhabitants, i.e. 7 224 people per one km². There were 17 701 appartments at their disposal in 2 145 permanently inhabited appartment buildings.

Das Katastergebiet des Stadtteiles Prag 1 bilden die Altstadt, die Neustadt, die Kleinseite und der Hradschin.

Schon in der zweiten Hälfte des neunten Jahrhunderts wurde auf dem heutigen Hradschin eine Burgstätte mit der Befestigung gegründet und am Ende desselben Jahrhunderts wurde hier die Residenzburg des Hauses der Primislieden, die Prag genannt wurde, gebaut. Um des Jahres 1230 wird schon von der „Prager Stadt“ gesprochen. Es entsteht die Altstadt. Im Jahre 1257 entsteht unterhalb der Burg unter der Regierung Přemysl Otakars des II. die Kleiner Prager Stadt. Im Jahre 1348 gründet Karl der IV. die Neue Prager Stadt. Im Jahre 1784 verbindet Josef der II. vier Prager Städte, wenn bevor im Jahre 1756 der Hradschin zur vierten Prager Stadt befördert wurde. Am Ende des 18. Jahrhunderts hatte Prag, das sich bisher innerhalb der Befestigungen entwickelte, etwa 73 000 Bewohner.

Die historische Innenstadt Prags wurde im Jahre 1971 für ein städtisches Denkmalschutzgebiet erklärt. Weitere Würdigung bekam das städtische Denkmalschutzgebiet im Jahre 1992, als es von der Organisation UNESCO für ein Weltdenkmal der ersten Kategorie erklärt wurde.

Der Stadtteil Prag 1 breitet sich in den heutigen Grenzen auf 5,49 qKm aus und zum 31. 12. 1995 bewohnte ihn 38 694 Einwohner, das heißt 7 224 Menschen auf 1 qKm. Sie hatten 17 701 Wohnungen in 2 145 ständig bewohnten Häuser zur Verfügung.

Veškeré záběry otištěné v této knize byly pořízeny na materiál fy. KODAK.

Vydalo STUDIO MACHT
Foto Jiří ***MACHT***
Grafická úprava Jiří Macht
Zpracovalo STUDIO MEGARON
Vytiskla Komorní tiskárna
na Královských Vinohradech
ISBN 80-901366-8-0